婚姻家庭四部曲

初遇爱情

南京市江宁区民政局
南京市江宁区妇女联合会
南京市江宁区心理学会
组织编写

汪娟娟 | 陈沛然
著

中国社会出版社
国家一级出版社·全国百佳图书出版单位

图书在版编目(CIP)数据

初遇爱情 / 汪娟娟,陈沛然著;南京市江宁区民政局,南京市江宁区妇女联合会,南京市江宁区心理学会组织编写. -- 北京:中国社会出版社,2024.5
(婚姻家庭四部曲/陈沛然,汪娟娟主编)
ISBN 978-7-5087-6986-8

Ⅰ.①初… Ⅱ.①汪…②陈…③南…④南…⑤南… Ⅲ.①婚姻问题—中国—通俗读物 Ⅳ.①D669.1-49

中国国家版本馆 CIP 数据核字(2024)第 026167 号

初遇爱情

责任编辑:张　杰
装帧设计:尹　帅
出版发行:中国社会出版社
　　　　　(北京市西城区二龙路甲33号　邮编100032)
印刷装订:河北鑫兆源印刷有限公司
版　　次:2024年5月第1版
印　　次:2024年5月第1次印刷
开　　本:140mm×203mm　1/32
字　　数:42千字
印　　张:2.875
定　　价:15.00元

版权所有·侵权必究
凡购本书,如有缺页、倒页、脱页,由营销中心调换
客服热线:(010) 58124852　投稿热线:(010) 58124812　盗版举报:(010) 58124808
购书热线:(010) 58124841;58124842;58124845;58124848;58124849

丛书编审委员会

顾　问： 吴仁成　夏　旸　刘穿石

主　审： 张　兵　张　琦　郑爱明

主　编： 何　婷　聂　娟

副主编： 秦彩霞　胡元姣

编　委：（排名不分先后）

　　　　　王　珊　王亚芳　王忻尧　仇屹珏

　　　　　朱庆翠　刘　雪　刘敦宝　汤　乐

　　　　　孙　薇　孙晓雯　芮文逸　杨　尖

　　　　　李　芸　李　静　李　慧　李天宇

　　　　　李玉荷　吴　天　时新雨　何翠红

　　　　　张　明　张兆钰　陈　艳　郁芷洲

　　　　　周　生　孟　杰　孟　瑶　胡志尚

　　　　　胡勤敏　侯孝雨　昝　娟　姚　晗

　　　　　徐　町　郭　雯　常　翰　彭晨宇

　　　　　蒋伯然　傅蕴男　雷丽君

序一

推动婚俗改革　培育积极社会心态

婚姻，在绝大多数人的生命中扮演着不可或缺的角色，它不仅是两个人的联结，更是家庭、社会与文化传承的纽带。婚姻制度是人类社会最重要的社会制度之一，在传统的婚姻观念中，婚姻承载着无尽的情感、责任和期望。然而，随着社会的不断变迁和进步，传统的婚姻观念和婚俗习惯面临着新的挑战和问题。新时代，人们对婚姻的期望和需求发生了深刻的变化，我们需要重新审视婚姻，倡导婚姻的平等，推动婚俗文明。

2020年，民政部印发了《关于开展婚俗改革试点工作的指导意见》。《意见》指出，要大力推进婚姻领域移风易俗，传承发展中华优秀婚姻家庭文化，倡导全社会形成正确的婚姻家庭价值取向，遏制不正之风，不断提升全社会文明程度和群众精神面貌。江苏省对标对表民政部关于开展婚俗改革试点工作的有关要求，以促进婚姻稳定、家庭和谐为主线，大力培育新时代婚俗新风、和谐新风、幸福新风，切实引导青年人树立正确的婚恋观、家庭观，从"婚姻家庭小切口"做好"幸福万家大民生"，用"家庭和谐度"绘就"美好幸福图"，婚俗改革试点工作取得了一系列积极成效。

南京市江宁区作为江苏省婚俗改革试验区，围绕"缔结美好婚姻，创造幸福生活"的试验主题，在佘村建成婚恋广场，举办"银发夫妇"金婚银婚庆典；在袁家边完成婚俗文化服务内容设计并对接当地社会组织，开展"婚俗改革促文明 新办简办注新风"移风易俗主题宣传活动；与江宁传媒集团联合建设江宁区婚姻登记服务中心红苹果伊甸园结婚登记点和室外颁证基地，为年轻人打造现代化的婚姻登记服务新场景。与此同时，积极开展"爱之sheng"课堂培训、"满心欢喜遇见你"单身青年联谊、"做文明有礼南京人，养成文明好习惯"婚俗改革宣传，以及"5·20""七夕节"集体婚礼暨颁证仪式等内容丰富、形式多样的主题活动，不断为爱赋能、为幸福加分。总体来看，南京市江宁区在推广简约适度的婚俗礼仪上取得了新进展，在传承良好家风家教上取得了新成效，在培育积极向上婚俗文化上取得了新突破，聚力打造出了婚俗改革鲜活的"新样板"。

　　作为社会向上向善的最小单位，婚姻家庭是复杂而多变的社会现象和社会关系的缩影，需要我们用心经营和发展，而心理学作为研究人的科学，涉及生活的方方面面。因此，推行婚俗改革，除了一揽子制度和举措，还需要有心理学的专业指导。"婚姻家庭四部曲"丛书通过对南京市江宁区婚姻家庭辅导工作实践中具体案例的系统梳理和深入剖析，将婚俗改革与心理学有效结合，为我们提供了一种全新的思考方式和行动路径。丛书作为婚姻家庭心理健康的普及教育读物，触碰到了婚俗改革中的不少个体困惑和社会关切，如恐婚恐育、亲子关系、婆媳纠纷等，"以小见大"地探讨了婚姻与家庭关系中的社会心理问题，能帮助我们更好地理解婚姻家庭生活中的个体需求和心理机制，为推动婚俗改革和培育积极社会心态提供重要支持。

江苏省民政厅编写指导组
2024 年 2 月

序二
转变观念　收获幸福

　　婚姻是家庭的纽带，家庭是社会的细胞。中华民族历来重视婚姻家庭建设，强调"治天下者，正家为先；正家之道，始于谨夫妇"，强调"夫妇之道不可以不久也，故受之以《恒》"。习近平总书记在2016年12月会见第一届全国文明家庭代表时指出，"家庭和睦则社会安定，家庭幸福则社会祥和，家庭文明则社会文明"。可以说，婚姻幸福事关民生福祉，家庭和谐事关社会稳定，婚姻家庭命运联系着国家民族的命运。

　　但几十年来，随着人们思想观念、行为方式和价值追求的巨大变化，婚姻家庭观念淡化、矛盾纠纷增多、稳定性下降、功能弱化等也成为越来越严重的社会问题，亟待国家的宏观政策和地方的具体实践予以调节和引导。正是带着这种现实关怀和责任使命，笔者在担任民政部社会事务司婚姻管理处处长期间，主持起草了《关于开展婚俗改革试点工作的指导意见》《关于加强新时代婚姻家庭辅导教育工作的指导意见》等一系列政策文件，在全国范围内部署开展婚俗改革试点工作，推动普惠性婚姻家庭辅导服务的发展。《关于开展婚俗改革试点工作的指导意见》提出，要开展婚姻辅导，提供婚内心理调适服务，帮助夫妻学习经营婚姻、化解婚姻危机的技巧。《关于加强新时代婚姻家庭辅导教育工作的指导意见》提出，要开发婚前辅导课程，编写教材和宣传资料，在婚姻登记大厅通过宣传栏、视频、免费赠阅等方式宣传婚姻家庭文化、家庭责任、沟通技巧、家庭发展规划等，帮助当事人做好进入婚姻状态的准备，学会经营婚姻，努力从源头上减少婚姻家庭纠纷的产生。

令人欣慰的是，婚俗改革试点和婚姻家庭辅导服务得到地方党委、政府和社会各界的积极响应，形成了层层抓婚俗改革试点的良好氛围，婚姻家庭辅导服务也呈现出覆盖面逐步扩大、机制创新有序推进的大好局面。在此过程中，各地区探索形成一大批理论创新、实践创新和制度创新成果，南京市江宁区民政局联合江宁区妇女联合会、江宁区心理学会共同编写的"婚姻家庭四部曲"无疑是其中的一颗硕果。这套书带领大家一起领略婚姻幸福的内涵，并探讨如何利用心理学的知识和方法来增进婚姻的质量和稳定性。首先，从婚姻的起点开始，探讨了爱情的化学反应、选择伴侣的标准，以及如何建立健康的恋爱关系。其次，深入探究夫妻之间的沟通与冲突，以及婚姻中的情感需求，叙述了如何维持和增进夫妻之间的亲密和满足感。再次，进一步讨论了如何更加科学地养育孩子，帮助孩子建立健康的心理基础。最后，聚焦大家庭的成长与发展，讨论如何共同实现个体目标和家庭幸福。书中涉及的每一个话题都与我们的婚姻家庭生活紧密相关，例如"心跳加速就是爱情吗？""何来那个'出气筒'?""是什么让你向'生娃'妥协?""为什么'隔辈亲'?"等等。作者运用心理学的相关经典理论进行了深入浅出的阐释,以帮助我们更好地应对婚姻生活中的问题与挑战。

"千淘万漉虽辛苦,吹尽狂沙始到金。"相信,每个人都能从这套书中收获婚姻家庭幸福的密码和智慧,成就持久而充满爱意的婚姻和家庭。也祝愿江宁区在未来的婚俗改革实践中创造出更加丰硕的成果!

是为序!

郝海波

北京工业大学教授

2024 年 1 月

序三
婚姻幸福需要一点心理学

在人类社会中，婚姻一直被视为一种重要的社会制度和人生经历。它不仅是两个人之间的约定和承诺，更是一段情感的旅程，一个家庭的基石。然而，婚姻既美好又复杂，其中蕴含着许多挑战和困惑。我们可能会陷入焦虑、压力和负面情绪之中，也可能陷入自我怀疑和自卑的困境，无法真正满足自己的需求和期望。因此，要想维系一段长久而幸福的婚姻关系，仅仅凭借爱和责任感可能是不够的。在这个现代化、多元化和快节奏的社会中，我们需要更多的工具和知识来帮助自己理解和处理婚姻中的各种问题。正是在这样的背景下，心理学的角色变得愈发重要。

心理学作为一门研究人类思维、情感和行为的学科，为我们提供了深入了解婚姻关系的工具和框架。它帮助我们认识到婚姻是一个复杂的生态系统，受到个体差异、家庭背景、文化价值观等多种因素的影响。通过心理学的视角，我们能够更好地理解婚姻中的矛盾冲突、沟通问题、情感需求，以及个体成长与自我实现的平衡。这套书带领大家一起探索婚姻幸福的内涵，并探讨如何利用心理学的知识和方法增进婚姻的质量和稳定性。同时，这套书还深入剖析了婚姻家庭生活中的常见问题，并从心理学的专业视角为我们增进了一点保持幸福的智慧。相信无论是新婚夫妻、长期伴侣，还是面临婚姻困惑的人，都可以从书中获得有益的指导和启示。

这套书的结构是按照婚姻的不同阶段安排的，并运用心理学的相关经典理论进行了深入浅出的阐释。从恋爱到婚姻，从个体到家庭，许多人误以为美满婚姻的关键在于找到一个"合适的对象"，但实际上，真正的秘诀在于让对方以及自己变成"合适的对象"，愿意陪伴彼此一同成长、共同面对来自生活的诸多挑战。只有这样，我们才能在婚姻的道路上携手共进，拥有健康的两性关系并创造出和谐幸福的家庭氛围。

这套书围绕"两性关系""夫妻情感""儿童心理""家庭氛围"等多个话题，对"如何拥有健康的婚姻生活"这一问题展开了专业的分析，并给出了可供借鉴的合理建议。同时，每本书还附有相关的心理评估问卷，可供感兴趣的读者进行自评，以更好地自我觉察，帮助我们正视自己的内心，了解自己的需求和期望，从而学会相互理解、彼此包容，通过共同成长真正理解婚姻的真谛。

婚姻幸福需要一点心理学。祝愿我们都能从书中收获智慧和幸福，用"心"成就一段持久而充满爱意的婚姻关系！

马向真

东南大学应用心理研究所所长、

教授、博士生导师

江苏省心理学会副理事长

江苏省家庭教育研究会副会长

2024 年 3 月

引言
健康的恋爱关系

爱情，自古以来一直是无数诗人、作家、导演、编剧的灵感源泉。它的力量横跨时间和文化，不仅激发出千百年来经典的文学作品，还贯穿了许多令人难以忘怀的电影情节。从诗词"窈窕淑女，君子好逑"中爱的品德，到电影《泰坦尼克号》中杰克和露丝超越阶级的动人爱恋，置身其中的每个人都能从中获得爱的体悟。

爱情的奥秘令我们不禁思考：它到底是什么？是一种情感、一种冲动，还是某种更深层次的连接？这个问题一直以来都在诱发思考，激发灵感，启迪创作。无论您是一位文学爱好者、电影迷，还是心理学爱好者，都会对这个永恒的话题充满好奇，因为它不仅关乎个人情感，还深刻影响人际关系、社会互动，甚至心理健康。

在本书中，我们将深入研究与爱情和情感相关的一系列问题，尝试解开其中的谜团，剖析不同情感和现象的根源，帮助您更好地应对与爱情和人际关系相关的各种挑战。随着我们的探讨，或许您会更加深入地理解，为什么爱情如此复杂又如此美妙。

同时，我们将深入挖掘年青一代对爱情充满好奇的问题。例如，"为什么合适的对象如此难找"，我们将深入探讨婚姻文化和新兴价值观之间的碰撞，揭示其中的谜团。我们还将关注"为什么有人只愿意享受'暗恋'的感觉"，回到童年时的依恋关系中，寻觅它们如何影响了我们成年后的互动方式。此外，我们还会聊到"在亲密关系中为什么会被PUA"，等等，以提供不一样的见解和实用建议，帮助您更好地理解和应对这些幸福的挑战。

本书中不仅有对于爱情的深刻洞察，还提供了

"成人依恋量表"（AAS），这是一个辅助我们了解自身亲密关系或伴侣关系的有趣的心理卫生自评工具（如下所示）。通过测试您的依恋类型，可以让您更好地了解自己，从而距离理想的爱情模式更近一步。无论您的兴趣和目标是什么，本书的目标是为您提供深入洞察和有趣的探讨，以帮助您更好地理解爱情、情感和人际关系。所以，让我们一起揭开爱情世界的神秘面纱吧！

成人依恋量表

主要用于成人亲密关系、伴侣关系的评定。由西华大学教授吴薇莉于2003年汉化修订。有需要的读者朋友可以扫一扫体验。

目录 Contents

001 / 心跳加速就是爱情吗

005 / "爱情鸡汤"真的健康吗

009 / "恋综"里的爱情真的"好嗑"吗

013 / 我有个秘密你要听吗

017 / 为什么我们渴望拥抱

021 / 为什么初恋那么难忘

025 / 为什么有人只愿意享受"暗恋"的感觉

029 / 为什么合适的对象如此难找

033 / MBTI 是恋爱婚姻关系的敲门砖吗

037 / 真的是恋爱不甜了吗

041 / 为何情人眼里出"西施"

045 / 为什么"棒打的鸳鸯"关系更牢固

049 / 为什么男人和女人吃的"醋"不一样

053 / 为什么关心的话也伤人

058 / 在亲密关系中为什么会被 PUA

062 / 参考文献

066 / 跋　让心理学成为婚姻家庭生活里的
　　　　"调味剂"

♥ 心跳加速就是爱情吗

并不是所有的心跳加速都是单纯地因为爱情，有时候也可能是环境刺激下的"美丽误会"。

2022年的热播剧《开端》中，原本陌生的男女主角在公交车上遭遇爆炸后，陷入了"时间循环"，在找寻真相的过程中，两人的感情也不断增进，从互不理解到并肩作战，最后暗生情愫，经历过生死挑战的两人最终心意相通，走到了一起。你是否觉得这样的场景很熟悉？

现实生活中，能够带来心跳加速感觉的刺激的场景也很容易让人联想到爱情：看恐怖电影时攥紧的胳膊、玩过山车时拉紧的手、冒雨奔跑时共打的伞……对于在这些心跳加速场景中出现在身边的人，你是否更容易萌生爱意？那你有没有想过，我们为什么总是容易将心跳加速时的感受和喜欢的感觉不自觉地联系到一起呢？

心理学家沙赫特（Schachter）针对我们类似生理反应和情绪感受的联系曾提出过这样一个理论：任何一种情绪的产生，都是外界环境的刺激、自身机体的生理唤醒和对外界刺激的认知过程三者相互作用的结果。其中，认知过程起着决定的作用。这就是著名的情绪认知理论（cognitive theory of emotion）。为此，他和辛格（Singer）共同设计了一个实验，实验由一个控制组和三个实验组组成，他们给所有组的被试者注射药物，并假称注射的是维生素，目的是考察其对视觉的影响。但实际上，实验组注射的是肾上腺素，控制组注射的是生理盐水。注射肾上腺素能引起心跳加快、血压升高、手发抖、脸发热等情绪生理反应。三个实验组的被试者的生理唤醒反应是相同的，但告知他们的内容不同，分别为"正确告知""错误告知""没有告知"，并据此观察他们在"快乐"和"愤怒"两种人为制造的情景下的表现。

结果发现，由于实验组的被试者对生理唤醒的认知不同，导致他们所产生的情绪体验有很大的区别。其中，"错误告知组"由于错误认知的干扰，对其自身的生理状态不能作出恰当的说明，于是认为自己的生理状态是与环境线索相适应的，从而将自己的情绪知觉为与环境信息相统一的欢乐或愤怒；"正确告知组"由于已经获得了说明自己生理反应的信息，便不再寻找环境中的线索，并能够作出客观的回答；"没有告知组"则完全按照自己对情境的评价作出反应。实验说明，情绪是认知因素和生理唤醒状态两者交互作用的产物，但对情绪体验起决定作用的是自身对外界刺激和生理变化的认知。

这样我们就很容易理解为什么总会在心跳加速的场景中感受到"类似爱情"的悸动了，因为在看恐怖片、进行户外探险等环境刺激比较强烈的场景中，我们会不自觉地产生心跳加速等生理反应。但由于环境刺激因素容易被忽略，我们在对自己的生理反应作出评价时，会就近寻找线索，认为心跳加速的生理唤醒是由身边人触发的反应，并将这些感受知觉为自己靠近身边人时产生的羞涩爱意。简单地说，这就是我们通常所说的气氛烘托的作用。但这并不意味着所有的爱情都是依靠环境刺激才产生的，我们在遇到自己心仪的对象时也确实会产生心跳加速的反应，此时大脑将这种生理唤醒知觉为"喜欢""激动""兴奋"等积极情绪是完全正确的。只有在外界环境刺激确实产生作用，而我们自己又没有觉察到时，才有可能会将引发生理唤醒的原因归结为自己对身边人的感受。

因此，并不是所有的心跳加速都是单纯地因为爱情，有时候也可能是环境刺激下的"美丽误会"。所以，他到底是不是那个对的人？你的心跳加速到底是因为这个人，还是因为你们所处的环境？一切还需要我们自己去细细寻味。

"爱情鸡汤"真的健康吗

"爱情鸡汤"只是片面放大了感情中的美好,并没有将和谐真实的感情世界的全貌置于我们面前,如果盲目相信,只会让我们陷入不切实际的幻想中,并有可能因此失去真正的爱。

"男生做到这十个细节,才是真的爱你:他会永远耐心听你说话,并事事有回应;他会永远第一时间关注你的情绪和健康;他会永远给你管钱,也愿意为你花钱;他会永远让着你,不跟你争吵……"说到这儿,你是否也在不自觉地跟自己的实际情况进行比较？那你现在是欣喜还是失落？网络上类似的"爱情鸡汤"随处可见，而且总能引发大规模的围观和评论，很多人都会分享自己的心得感受，或是"@他"也来好好学一学。这些"爱情鸡汤"中反复出现的"永远"总能让人感受到一种"无时无刻无条件的爱"，很多女生都会觉得伴侣符合的条目越多就代表着他越爱自己。那么，事实真的如此吗？为什么女生很容易就会被"无条件的爱"戳中内心呢？

著名人本主义心理学家罗杰斯（Rogers）曾提出过无条件积极关注（unconditional positive regard）这一概念，说的是对心理和身体的方方面面无条件地关怀、尊重与接纳，这是心理咨询中良好咨访关系的重要前提。扩大到平常生活中，无条件积极关注其实反映的是我们对他人的积极态度，即无论那个人的品质、情感和行为如何，我们都不应急于对其作出任何评价和要求，并要对他们表示出无条件的温暖和接纳。之所以这样做，并不是说我们要放弃自己的价值观，无底线地认同他们,而是要向他们传递一种信念——我们愿意接纳此时此刻真实的他们。这也是人际交往中建立良好信任的基础。

想一想,是不是被陌生人无条件积极关注就已经足够让我们感到愉悦了?那更别说是被伴侣"无条件地爱"了。"爱情鸡汤"正是抓住了这一点才得到万千女性的认可。但深究下去可以发现,在"无条件的爱"里真正让人欲罢不能的有两点原因。一是安全感的建立。"无条件"意味着不用担心自己会因为什么而失去对方的爱意,这样便可以放心地以自己最舒适的状态被接纳。不少"爱情鸡汤"里主张的"作妖""宠溺"就是在向伴侣传达一种肆无忌惮带来的安全感。二是潜在的不劳而获。"爱情鸡汤"从来都只告诉一方应当得到什么,似乎完全不用付出就可以获得对方的一切,认为只有这样才能证明自己是被爱的。

然而,冷静地再想一想,这种倾斜的亲密关系真的健康吗?爱人也是从陌生人发展而来的,他凭什么支撑自己去永远一味地付出呢?其实,现实生活中长久存在的爱情一定不会是无底线和单向付出的，只有建立在相互尊重、相互付出、相互爱护基础上的关系才能稳固，想要得到对方"无条件的爱"也需要付出自己"无条件的爱"。所以，"爱情鸡汤"只是片面放大了感情中的美好，并没有将和谐真实的感情世界的全貌置于我们面前，如果盲目相信，只会让我们陷入不切实际的幻想中，并有可能因此失去真正的爱。

❤ "恋综"里的爱情真的"好嗑"吗

"恋综"中的倾心或许是真的,但仅仅靠节目中浅尝辄止的"自我暴露",终究无法支撑关系的延续。

继《心动的信号》播出之后,国产"恋爱综艺"迎来了一波热潮,《怦然心动20岁》《半熟恋人》等各种不同年龄段的"恋综"层出不穷。这届年轻人似乎格外沉迷于"看别人谈恋爱"。在为别人的爱情"嗑生嗑死"的同时,也有人提出,"恋综"里的爱情，新鲜感和好奇心占据了很大的比重，男女嘉宾本就抱着"找对象"的目的而来，在节目中能够快速直接地向心仪的异性展示自己美好的一面，"速配"的概率也就大大提高了。在剪辑的烘托下，观众们很容易就能感受到"爱情的火花"。不过，像这样简单直接、令人心动不已的爱情是否真的就是我们所追求的呢？爱情的本质又是什么呢？

美国心理学家斯滕伯格（Sternberg）从科学的角度进行了分析和研究，总结出了一套靠谱的恋爱指南——爱情三角理论（triangular theory of love）。斯滕伯格认为，完美的爱情由三个部分组成，即激情、亲密和承诺。激情是情绪上的着迷，亲密是两个人互相喜欢的感觉，承诺是对爱情未来的预期。总体来说，激情是"热烈"的，亲密是"温暖"的，承诺是"冷静"的，激情、亲密和承诺三个部分就像三角形的三个顶点，共同构成了爱情体系。都说三角形最具稳定性，显然，爱情长久的秘诀就是要在双方交往的过程中不断保持激情、亲密和承诺的动态平衡。

那么，这个"爱情三角"在亲密关系中究竟是如何发挥作用的呢？正如歌词中所唱，"爱情来得太快就像龙卷风"。激情是人们坠入爱河的关键，但亲密和承诺却是维持爱情时必不可少的。在亲密关系中，人们往往会分享隐秘信息与感受，这一过程就是自我暴露，这是使双方关系变得更亲密的重要途径。在自我暴露的过程中，倾诉者感到自己被理解、被珍惜；倾听者也在情感上进行反馈，分享自己的经历和感受。彼此从相互试探变得亲密无间，于是便会怀揣着对未来的美好愿景，许下一个又一个希望对方参与未来的承诺。不管是重要的秘密，还是上班路上顺手拍的一片云，恋爱中的人都愿意分享给自己的另一半，而如果有一天"分享欲"消失了，那便是爱情消磨的开始，亲密随着干瘪无趣的交流逐渐消散，美好的承诺也会变得苍白无力，爱情的三角也终将被动摇。

"恋综"中的青年男女往往善于捕捉对方身上最吸引自己的闪光点，有时甚至一个眼神都能让人心醉。当他们坠入爱河的那一刻，虽然盲目，但也甜蜜。"恋综"中的倾心或许是真的，但仅仅靠节目中浅尝辄止的"自我暴露"，终究无法支撑关系的延续。如果在走出"节目滤镜"后，双方仍仅停留在节目中的一时心动，就会丧失恋爱三角关系中的其他两个顶点——"承诺"与"亲密"。这样的恋爱，斯滕伯格称之为"迷恋式爱情"。所以，面对爱情，我们追求的究竟是什么呢？激情不能是双方捆绑在一起的唯一理由。一段关系缺少了灵魂的碰撞，不过就是新鲜而易碎的玩具，注定不能长久地拥有。

❤ 我有个秘密你要听吗

自我暴露是一个循序渐进的过程,"交换秘密"并不是简单地八卦,而是一门需要真诚和有爱的艺术。

你相信吗?让彼此陌生的两个人在短时间内建立好感,甚至爱上对方,可能只需要36个问题。1997年,心理学家亚瑟曾设计过这样一个"人际亲密产生实验",他让一群陌生人两两为一组,互相询问对方36个私人问题。这36个问题分成三组,每一组都比前一组设计得更为私密和"走心"。比如,"如果你知道你会在一年后突然死去，你会想改变现在的生活方式吗？为什么？"回答完问题后，双方还需要对视 4 分钟。实验结果显示，30% 的参与者表示，自己与同组陌生人的关系已经超越了普通朋友关系；35% 的参与者说，在实验之后他们开始约会了；更令人惊奇的是，有一组参与者在 6 个月后走入了婚姻的殿堂。对此，亚瑟总结认为，"人与人之间互相袒露内心脆弱的地方，可以拉近彼此的距离"。

是的，这看似如同魔法的 36 个问题，其实背后就是一个简单的心理学原理——自我暴露（self-disclosure）。这一概念最初由朱拉德（Jourard）提出，他将"自我暴露"定义为：一个人自发地、有意识地向另一个人暴露自己真实的且重要的信息，以及真诚地与他人共享自己私密的感受、信念的过程。通俗地讲，自我暴露就是向别人说心里话，坦率地表白自己、陈述自己、推销自己。朱拉德认为，自我暴露会一点一点地拉近人与人之间的距离。因为，我们会对喜欢的人表露心声，也会更喜欢向我们敞开胸怀的人。罗马喜剧作家塞涅卡曾说:"当我和好友在一起时,就像跟我自己在一起一样,我可以想说什么就说什么。"生活中,一段友谊或是一段爱情的开始,往往发生在我们"扔掉面具"之时。所以,才会有人这样说:小时候,没有交换过秘密的朋友,就不是真正的朋友。就比如,对于两个小姑娘来说,一个下午的促膝长谈,就可以让她们成为彼此最好的朋友。对于成年人而言,亲密关系的建立虽然不能如此迅速,但是交换秘密还是会促使双方的关系发展得更好。因此,当我们愿意真实地表现自己、敞开心扉,并能把他人的自我暴露当作是对自己的信任时,亲密关系也就自然而然地建立起来了。

为何自我暴露会有如此奇效?美国心理学家詹姆斯认为,刻意回避、不去谈论,实际上是对事件和情感的压抑,而自我暴露会让人更好地理解、消化之前被压抑的想法和情感。叙述自己的故事,能够帮助我们厘清过去生命中痛苦的、被忽略的片段,使之完整、通畅和有意义。这样一来,也降低了内心的冲突,有助于我们形成统一、稳定、正面的自我认知。

当然，自我暴露是一项需要安全感和高情感回馈的行为，它遵循着一种互惠的原则，就像做交易一样，别人对你"付出"多少，你就需要相应"回馈"多少，这样双方之间才能体验到平衡与安全。其实，适当的自我暴露能够向对方传递一个信号：我信任你，也请你经得起我的信任。但如果自我暴露太早或太多，也会让他人感到不适、慌乱，甚至会逃避；而自我暴露太迟或太少，则会让他人觉得冷漠、疏离、难以交心。可见，自我暴露是一个循序渐进的过程，"交换秘密"并不是简单地八卦，而是一门需要真诚和有爱的艺术。

为什么我们渴望拥抱

一个简单的拥抱，因其和母体相似，能够让我们有一种被呵护、被安全感环绕的感觉，并帮助我们减缓孤独感和改善压力。

你听说过"皮肤饥渴症"吗？这或许是一种心理性疾病，患病的人强烈渴望被抚摸皮肤，尤其是在情绪波动时，更需要充满爱意的拥抱。"皮肤饥渴症"实际上反映了人们内心渴望被关怀、被爱的状态，虽然大部分人并没有达到生病的程度，但我们对于拥抱的需求却存在诸多相似之处。比如，加班后拖着疲惫的身子回到家中，空荡又安静的屋子让人感到孤独异常时；学习或工作的"DDL"（deadline，最后期限）渐近，没有任何进展的项目让人感到压力倍增时……我们也会希望亲密的人能够给自己一个紧紧的拥抱，似乎只要一个拥抱，焦躁的情绪就能够很好地被安抚。甚至还有人发起设立"国际拥抱日"的倡议，希望大家能够多多拥抱亲人和朋友，相互提供心理支持。然而，为什么拥抱会有这么大的魔力，能够安慰我们疲乏的心灵呢？

心理学家哈洛（Harlow）在1959年发表了一项有关依恋（attachment）的实验成果。他让新生的恒河猴从刚出生起就和母亲分开，并为小恒河猴制作了两个"人造母亲"，其中一个是由铁丝制成的，胸前挂着奶瓶，能够给小恒河猴喂奶，另一个是由绒布制成的，质地柔软，但没有哺育的功能。哈洛观察到，虽然小恒河猴和"铁丝妈妈"在一起时能喝到奶，但它们基本只在有进食需求时才会去找"铁丝妈妈"，其余的大部分时间则是依偎在"绒布妈妈"的身上。甚至有的小恒河猴宁愿不喝奶也要同"绒布妈妈"待在一起。并且，小恒河猴们在遇到不熟悉的物体，并对其感到陌生或者危险时，都会毫不犹豫地选择跑到"绒布妈妈"身边并紧紧抱住它，似乎"绒布妈妈"能够给予它们安全感，像真正的母亲一样保护它们不受伤害。由此，哈洛得出结论：身体接触对恒河猴的依恋发展甚至超过哺乳的作用。

"绒布妈妈"比起"铁丝妈妈"，更接近真正的母猴，更能够让小恒河猴们感受到母体所带来的温暖与安全，小恒河猴们也因此能够与"绒布妈妈"建立起依恋关系。所以，同样地，我们也就不用再奇怪为什么类似"jellycat""海湾兔"的安抚玩具的受众面会如此之广了。有的人甚至长大后仍然不愿意丢掉儿时拥抱入睡的毛绒玩具，就是因为对于他们而言，安抚玩具不仅仅只是一个布娃娃那么简单，还是他们一部分依恋关系的象征。

不论是毛绒的安抚玩具，还是简单的一个拥抱，都因其和母体相似，才能够让我们有一种被呵护、被安全感环绕的感觉，并帮助我们减缓孤独感和改善压力。所以，每当我们遭遇情绪低谷时，皮肤的柔软触感、熟悉而热切的体温，都是在带我们重温童年时被父母拥入怀中的感觉，带我们找回自己内心深处那个温暖而稳固的"安全岛"。

为什么初恋那么难忘

初恋之所以难忘，或许并不是因为初恋都是美好的，只是因为那时年少，我们尚未学会如何维护一段感情，恋情往往无疾而终。

初恋，如同尚未成熟的果实，对于很多品尝过的人而言总是酸涩而难忘的。在金庸的作品《白马啸西风》中，有一段文字将初恋的难忘描写得淋漓尽致："江南有杨柳、桃花，有燕子、金鱼，汉人中有的是英俊勇武、倜傥潇洒的少年，但这个美丽的姑娘就像古高昌国人那样固执——那都是很好很好的，可我偏不喜欢。"因为她的心中只有最初的心上人苏普。都说"时间会治愈一切"，可为什么对于有的人来说，初恋就像心结一样，怎么解也解不开呢？

心理学家蔡格尼克（Zeigarnik）曾观察到，餐厅点餐的服务员能很清楚地记得哪一桌菜还没上齐，而一旦顾客的菜全部上齐，服务员很快就不记得他们点了什么。为此，她做了一项研究，给128个孩子布置了一系列作业，让孩子们完成一部分作业，另一部分作业则中途停顿。一小时后测试，发现多数孩子对中途停顿的作业印象更深刻。针对这一现象，德国心理学家勒温认为，人们总有一种要完成某个行为的倾向，如果这个过程被中途打断，我们就会产生继续完成这个行为的倾向，这种倾向会直到目标任务完成后才会终止。这就是"蔡格尼克效应"（Zeigarnik effect），即我们对于未完成的事情总是难以忘怀。

蔡格尼克现象在生活中随处可见。比如，电视剧总在一集结束之时设置悬念、戛然而止，让你一集接一集地看下去；网上的心理小测验总在做完最后一题后显示"付费查看结果"，让你心甘情愿地买单；说书人总在讲到精彩高潮之处拍下醒木，缓缓道出那句"欲知后事如何，且听下回分解"，让你对后续念念不忘……这些其实都利用了我们对"未竟之事"的完成倾向，一旦某件事情没有结果，就会无形中在我们的心里形成矛盾，促使我们不断地回想。

所以，对于有些人而言，初恋之所以难忘，或许并不是因为初恋都是美好的，只是因为那时年少，我们尚未学会如何维护一段感情，恋情往往无疾而终。有的人是因为错失机会，没有给初恋一个形式上的收尾；有的人明明有了形式上的收尾，却依然不愿正视这段感情的结束。但无论是哪一种，一旦发展成"初恋情结"，或许就表明对于这一类人而言，"分手"意味着感情的"中断"而不是"完成"，但事实上他们又无法让恋情走到"完成"的那一步，心中过分执着于"相伴一生"的结果，因而自作"深情"、自我折磨。当然，蔡格尼克效应只是一种心理现象，究竟采取什么样的行动去完成"未竟之事"?是勇敢地直面结束,还是冲破那张"遗憾"的网?选择权在我们自己手中。

为什么有人只愿意享受"暗恋"的感觉

那些只享受"暗恋"的人,正是长大了的回避型依恋的"孩子"。他们在淡漠的环境中成长,遇到愿意与自己亲近的人以后,并不善于处理自己的亲密关系。虽然小时候的生活环境会造就我们早期的依恋类型,但健康积极的人际交往还是会带动我们向安全型依恋靠近。

年轻时的恋爱多半青涩难忘,尤其是在学生时代,许多人都习惯于默默暗恋,虽然可能最终也没有机会说破，但暗恋者大多还是怀揣着懵懂的希冀，幻想着自己喜欢的人有一天能够回头看看自己。然而，如今有一类人的想法却完全相反，尽管他们的情窦也同样真诚热烈，并和所有身处暗恋中的人一样，在喜欢的人面前小心翼翼。但如果他们暗恋的对象真的对这段恋情有所积极回应，他们感到的却不是梦想成真的喜悦，而是慌张与苦恼。为了庆祝纪念日特意挑选的小礼物、季节变换时周到的嘘寒问暖……任何对方刻意亲近的小心思都会让他们心中"警铃大作"。尽管他们也渴望认真地投入一段感情，但却总是不受控制地想要回避，亲密之人的关心与靠近反而会让他们感到不自在。为什么建立一段稳定的亲密关系还不如"暗恋"的过程更让他们内心安定和享受呢？

心理学家安斯沃思（Ainsworth）等人曾做过这样一个实验：他们采用陌生情境测验的方法，先让妈妈带孩子进入陌生场所，实验者也作为陌生人出现在这个场所里，但并不与母子俩交流。妈妈陪孩子玩了一会儿之后，借口有事离开，让孩子单独与实验者相处一段时间后，妈妈才再次回到实验场所。从妈妈离开到返回的这一段时间里，实验者会观察并记录孩子的行为表现、情绪状态等。实验根据不同孩子在陌生场所的表现，最终归纳出了三种依恋类型（type of attachment）。其中，安全型依恋（secure attachment）的孩子与妈妈在一起时，只需要用眼睛确认妈妈的陪伴或者偶尔与妈妈交谈，就能够安心地玩玩具，虽然在妈妈离开时，他们会感到苦恼不安，但妈妈回来后，他们也极易被安抚。而反抗型依恋（ambivalent attachment）的孩子则会始终保持警惕状态，妈妈离开时，他们会大声哭闹、极度反抗，妈妈回来后，他们虽渴望亲近，但还会对妈妈态度恶劣，状态依然十分焦躁。

最特殊的一种是回避型依恋（avoidant attachment）的孩子，他们对妈妈在不在场表现得无所谓。妈妈离开时，他们并不在意，也不会紧张不安；妈妈回来后，他们也并不迎接，往往是不予理会，自顾自地玩玩具。这是因为这种类型的孩子对于妈妈并没有形成较为密切的情感联结。实际上，那些只享受"暗恋"的人，正是长大了的回避型依恋的"孩子"。他们在淡漠的环境中成长，当遇到愿意与自己亲近的人以后，也并不善于处理自己的亲密关系。一方面，他们渴望安全感、渴望被爱；另一方面，他们也早已习惯了若即若离的人际交往。如果彼此之间的情感联结进一步发展，他们很容易产生抵触，因为在他们的内心深处，还缺乏与他人建立亲密关系的信心。所以，"暗恋"对他们来说便成了恰到好处的选择。有时他们可能会惋惜自己无果的恋爱，但更多的时候，他们是在为不用承担过多的心理压力长舒一口气。

然而，值得一提的是，依恋类型并不是固定不变的。虽然小时候的生活环境会造就我们早期的依恋类型，但健康积极的人际交往还是会带动我们向安全型依恋靠近。我们既要相信自己拥有爱人的能力，也要相信爱的形式并不单一，每一种依恋类型的人都同样值得被爱。

为什么合适的对象如此难找

随着现代社会各种文化的交叉融合，各种新观念、新思潮冲击着传统婚恋文化，青年男女对婚恋本质的认识、对择偶方向的确定等正在发生着剧烈的变化。相信，我们只要打破了旧观念下形成的"择偶梯度"，"择偶难"的问题就有可能得到根本性的解决。

日前，"上海一位41岁女博士公布11条'离谱'择偶标准"的新闻在网络上引起热议："上海人""985本科以上学历""长相帅气、净身高180以上、视力优秀""年薪税后不低于100万""上海内环内有三套三室以上的商品房或独栋别墅"……网友们看到后纷纷表示，这不是在征婚，这是在许愿。随着经济社会的发展、人们思想观念的改变、人际竞争的激烈，晚婚晚育已经成为一种普遍现象，社会上"剩男""剩女"屡见不鲜。那么，到底是什么原因让合适的对象如此难找？

了解时下相亲市场的人也许会发现，当今社会的婚姻择偶如同"田忌赛马"，男性在择偶时倾向于选择能力稍低于自己的女性，而女性在择偶时则更青睐能力稍高于自己（至少是与自己持平）的男性，由此形成了"择偶梯度"（mate selection gradient）。这实际上是进化心理学与社会心理学融合发展的结果，特里弗斯（Trivers）据此提出了亲代投资理论（parental investment theory）。所谓"亲代投资"，说的是亲代为增加后代生存的机会（以让其成功繁殖）而进行的投资。亲代投资理论认为，在繁育后代时，怀孕、分娩和哺乳都是女性独有的非常宝贵的繁衍资源。在繁育后代初期，女性往往会投入更多的亲代资源。由于女性在生育过程中会面临更多风险，而在早期社会生活中，权力和资源又大多掌控在强壮的男性手中，因而女性会更加偏好具有良好基因、较高社会地位和丰富资源的男性，以争取到更多生存的安全感和哺育后代的资源。相应地，男性为了取得家庭地位，会倾向于寻找经济、地位等稍弱于自己的女性。"男强女弱"的婚姻关系规则由此而生，这种旧有观念即便是在现代社会，仍深刻影响着当代青年的择偶行为。"择偶梯度"也在这样的社会文化中发展而来。人们常常认为，生育的成本导致女性在择偶时会比男性更加挑剔，而由于部分女性迟迟找不到合适的伴侣，在男女比例相对均衡的社会环境中，这些"剩女"也相应地会让部分男性变成"剩男"。而亲代投资理论中提到，在择偶时更为挑剔的，是在繁育后代时付出更多、投入更多的一方。从短期看来，女性在繁育后代初期会投入比男性更多的亲代资源，但在论及长期配偶关系和教育、保护后代时，男性或者女性都需要给予大量的投资，因而男女两性在择偶时都会比较挑剔，这在很大程度上导致了现代社会合适的对象变得越来越难找。

所以，我们需要意识到"择偶梯度"的存在，并理解"合适的对象如此难找"的真正原因。随着现代社会各种文化的交叉融合，各种新观念、新思潮冲击着传统婚恋文化，导致青年男女对婚恋本质的认识、对择偶方向的确定等正在发生着剧烈的变化，社会赋予男女两性不同的性别需求界限正在逐渐模糊，而中国传统社会沿袭的"男强女弱"的婚恋观也正一步步被改变。相信，我们只要打破了旧观念下形成的"择偶梯度"，"择偶难"的问题就有可能得到根本性的解决。

MBTI 是恋爱婚姻关系的敲门砖吗

我们不能仅仅因为"四字不和"就将对方贴上相应的标签，毕竟人与人之间的交往和相处，该出示的绝不是 MBTI，而应该是真诚。

点开网页，花上 12 分钟，回答一系列问题，你就能获得一个由四个字母归纳的人物类型定位。这是"省流版"，当然也有更复杂的，就是花更长时间回答更多问题，例如"你发现在对别人做自我介绍时很困难""你经常陷入沉思，忽视或忘记了周围"——请选择"同意"或"反对"。一路点击下来,你会得到属于自己的四个向度二分法的搭配组合,如 ISFP、ENTP、ESFJ 等。手握这四个字母,在社交领域你随时可以开启新话题,这就是时下讨论度非常高的 MBTI（Myers-Briggs type indicator,迈尔斯—布里格斯类型指标）。现如今,在年轻人中,用 MBTI 找对象早已成了一种流行风潮。国内外的交友软件上均是如此,你会看见许多人把自己的 MBTI 类型作为标签,贴在个人简介里。不仅如此,对于已经在一起的恋人,对方的 MBTI 也是必须了解的信息,以此去参透对方的恋爱观念与行为模式,甚至可以发帖以身说法："我是××××类型,对象是××××类型,我们的相处日常 be like……"那么,年轻人为什么会热衷于利用 MBTI 或者星座、血型、手相等来进行社会交往,甚至以此作为开启恋爱婚姻关系的敲门砖呢？

　　想要回答这个问题,或许我们需要借用社会心理学家麦奎尔（McGuire）提出的认知吝啬（cognitive miser）的概念。麦奎尔认为,我们每个人都是一个认知的吝啬者，在知觉他物时，常常试图去掉琐碎的信息，以节省时间和精力。我们的大脑并不愿意去知觉或记下所有的信息，而只会从发生的事件中选出与形成印象有关的必要信息。简单地说，认知吝啬就是我们经常依赖的、简单有效的评估信息并作出决策的策略。它的发生并非懒惰，而是意图简洁、高效，可以在最短的时间内了解一个人、一件事。"贴标签"就很符合这一行为的需求。通过给他人或自己贴上各种各样的标签，我们就可以通过简化的标签来了解别人所具有的特质，或是让别人在短时间内获得对自己的大致了解。比如，当你刚进入大学进行自我介绍时，"二次元"这一标签就可以让你迅速结交到一些志同道合的朋友。或者，当你告诉新结交的朋友自己是INTJ时，他们也能够迅速了解到你可能是个思维严谨、逻辑性强的人。

　　然而，实际上，MBTI虽然以心理学为理论基础，经过了一定的测量学检验，在某种程度上有一定的科学依据（相比"命中注定"的血型、星座，MBTI更关注性格，很大程度上能够促使年轻人认识自我、塑造人格），但是，MBTI 原本只是作为职业参考工具的测试，其本身的信效度水平依然较低，也就使得其测评结果不够稳定。我们测一次 MBTI 就好比拆一次盲盒，娱乐性远大于科学性。

所以，MBTI 测试虽然可以帮助我们更好地了解对方的性格特征，但不能仅仅凭借单一的测试结果就推断对方的心理特征。要想真正深入了解一个人，需要使用多种方法、从多个角度来考察，再用心理测试进行辅助分析，这样才可能得出一个相对可靠、客观的结果。因此，我们不能仅仅因为"四字不和"就将对方贴上相应的标签，毕竟人与人之间的交往和相处，该出示的绝不是 MBTI，而应该是真诚。

真的是恋爱不甜了吗

有时候可能并不是对方的爱意褪去了,只是我们在长久的感情积累中,对"爱"变得不那么敏感了而已。

"他变了,他没有之前那么爱我了!""她没有之前那么温柔了!""他变得不在乎我了!"……恋爱中,你是否也曾发出过这样的感叹,抑或是听身边的朋友吐槽过自己的另一半?仿佛只要是爱情就逃不过最终归于平淡的结局,再轰轰烈烈的故事都会有落下帷幕的一天。这时,你可能会发出内心的疑问:所以,爱会消失的，对吗？这样一想，甜甜的恋爱似乎只是存在于童话故事中的幻想罢了。然而，事实情况真的是恋爱不甜了吗？你可以想象一下，就算你的爱人做出与恋爱初期相同的浪漫举动，是不是你也觉得没有曾经那么心动了呢？如果是的话，那可能并不是你的恋爱真的不甜了，而是你感受不到它的甜了。

心理学家韦伯（Weber）做过一个有趣的实验：当一个人右手举着 300 克砝码时，左手砝码增重至 306 克之前，他都不会有明显的感觉；而如果他右手举着 600 克砝码时，左手放上 606 克的砝码后他还是不会有明显的感觉，只有在放上 612 克的砝码时，他才感觉到明显的差异。同样是增加了 6 克的重量，如果原来的砝码是 300 克，那么已经足够引起人们对变化的感受了，但如果原来的砝码是 600 克，则需要翻倍的增重才能引起人们的觉察。据此，他提出了韦伯定律（Weber's law），即原始的刺激量越大，能够引起人们差别感受的变化刺激量就需要越大。

所以，当一个人经历过强烈的刺激之后，再施予的刺激对他来说就会变得微不足道。也就是说,第一次强烈的刺激会削弱人们对第二次刺激的敏感度。同样地,在爱情中,韦伯定律也在发挥作用。情侣之间不断积累的甜甜爱意就像实验时手中举着的砝码。恋爱初期,由于彼此之间没有过多的感情基础,所以一点点爱意表露,一个温暖的眼神,或是一枝鲜艳的玫瑰花,都能让我们明显地感受到对方的心意;可当恋爱发展到一定程度,彼此之间的爱情砝码已经从轻巧变得厚重时,想要获得同样明显的感受,就再不是一个眼神或一枝玫瑰那么简单的事了。

因此,有时候可能并不是对方的爱意褪去了,只是我们在长久的感情积累中对"爱"变得不那么敏感了而已。其实,细想一下,爱情本身就不是一成不变的,初遇时的悸动羞涩,相爱时的热烈奔放,相守时的平淡安定,这些都是爱情。没有人能在岁月更迭变化的感情中永远保持着最初的敏锐,可暗暗生长的依赖与共鸣已经成为两个人长久弥合的基石。那么,如果有人就是想要找回甜甜的感受,难道就没有办法了吗？这也不尽然。韦伯定律虽然告诉我们差别感受会在原始积累的情况下变得越来越难，但也不是说完全没有办法，只是需要我们付出更大的努力而已。所以，给平淡的生活寻找一些热烈的刺激，也可以让你重新找回甜蜜。不管是和相爱的人来一场说走就走的旅行，还是精心准备一份对方渴望已久的礼物，都是让恋爱重新甜起来的好办法。当然，这一切还需要两个人的默契，一个人愿意用心，而另一个人也能够接住心意。

为何情人眼里出"西施"

婚恋关系中的晕轮效应,有时也有助于提高个体的自信,以及巩固伴侣双方之间的关系。

生活中,我们经常会发现这样的现象:看起来普普通通的异性,因为玩了乐队、打了电竞,好像整个人都"帅"了不少;不了解他的人说他平平无奇,可我却总觉得他帅气逼人;身边一些非常恩爱的情侣,即使周围的人都认为他们并不相配,但当事人却总能擦出爱的火花;朋友开始了一段新的恋情,而关系中的另一方貌似并不值得朋友如此投入,但无论怎样想方设法让朋友看清新恋人的缺点,却总是徒劳无功,朋友甚至还会对他的新伴侣赞不绝口。当我们遇到以上这些情形时,往往会感叹一句——"真是情人眼里出西施啊!"好像陷入爱情中的人往往会变得盲目。

对此,美国著名心理学家桑代克(Thorndike)曾于20世纪20年代提出过晕轮效应(halo effect)的概念。他认为,人们的认知和判断往往只从局部出发,扩散而得出整体印象。一个人如果被标明是好的,他就会被一种积极肯定的光环笼罩,并被赋予一切好的品质;而如果一个人被标明是坏的,他就被一种消极否定的光环所笼罩,并会被认为具有各种坏品质。这就好像刮风天气前夜,月亮周围出现的月晕一样,让人觉得月亮变得很大,但其实所谓的"月晕"只不过是月亮的光扩大化了而已。桑代克将这一心理现象称作晕轮效应,这一现象也被通俗地称为"光环作用"。所以,晕轮效应是一种在突出光环的影响下产生的以点带面、以偏概全的社会心理效应。也就是说,当你对一个人产生了迷恋，无论对方是否喜欢你，你都会在看到对方时自动添加"美颜滤镜"。

片面性、遮掩性、弥散性是晕轮效应的典型特征，在社会生活的很多方面都有不同程度的存在。在和陌生人交往的过程中，我们通常会从局部出发，从对自己印象最深刻或者最相关的角度出发，来认识这个人。比如，当素不相识的两个人第一次见面时，精致的状态、姣好的面容会让我们觉得对方整个人都熠熠发光，甚至会觉得他拥有好的品质；而对方一旦给我们留下坏的印象，我们对于他所做的其他事情也会持有一种否定态度，甚至还会对他的人品保持怀疑。此外，在偶像崇拜中，晕轮效应也表现得非常明显。比如，当我们看到某个明星在媒体上曝出一些丑闻时总是很惊讶，而事实上，我们心中这个明星的形象其实是他在荧幕或者媒体上展现给我们的那圈"月晕"，他真实的人格我们不得而知。在婚姻生活中，晕轮效应无处不在。恋爱时，情侣们总会把对方幻想得非常美好，即使有一些小缺陷，也往往会忽略掉。然而，感情一且出现裂痕，曾经的美好便可能荡然无存，当初的小缺陷也会被无限放大，夫妻之间的埋怨、偏见等也变得越来越深。

  本质上，晕轮效应在很大程度上只是我们的一种主观臆测，主观性的特点会导致我们不可避免地因为某一个优点来全面肯定一个人，又或者因为某一个缺点全面否定一个人，以至于常常会犯些"以偏概全"的错误。但晕轮效应带来的也不全是弊端。相关研究发现，恋爱中的男女不仅会高估自己对象的面孔吸引力，也会高估自己的面孔吸引力。因此，婚恋关系中的晕轮效应，有时也有助于提高个体的自信，以及巩固伴侣双方之间的关系。

为什么"棒打的鸳鸯"关系更牢固

人们天生不喜欢自己的自由受到限制，因此，父母越强迫子女与恋人分手，子女往往不但不放弃自己选择的恋人，还会增加对自己选择的恋人的喜欢程度。

在电影《消失的她》中有这么一个场景，倪妮饰演的沈曼极力反对好友李木子和渣男何非的婚事，但李木子却更加义无反顾地相信何非，与之结婚，最终酿成悲剧。类似的现象也曾出现在400多年前莎士比亚的笔下，在莎翁的名剧《罗密欧与朱丽叶》中，横亘在罗密欧与朱丽叶之间的障碍有两家的世仇、父母的阻拦、命运的阴差阳错等，但正是因为这些艰难，让两个人的爱情更加真挚，同生共死。其实，不仅在文艺作品中如此，现实生活中也是如此，很多恋人非但没有因为家庭的反对而分道扬镳，反而更加坚定彼此之间的感情。这样看来，似乎"棒打鸳鸯"只能起到完全相反的效果，这究竟是什么原因呢？

心理学家德里斯科尔（Driscoll）等人在1972年调查研究了91对夫妇和相恋已达8个月以上的41对恋人的情感。研究发现，在一定范围内，父母干涉程度越高，恋人之间反而相爱越深。当有干扰恋爱双方关系的外在力量出现时，恋爱双方的情感反而会加强，恋爱关系也因此会变得更加牢固。对此，德里斯科尔借用莎士比亚的名著，将这种现象命名为罗密欧与朱丽叶效应（the Romeo and Juliet effect）。那么，为什么会产生这样的现象呢？

德里斯科尔认为，人们相信对自己的行为拥有控制权，天生不喜欢自己的自由受到限制。当自由受到限制时，人们会有一种不舒服的感觉，从而采取对抗的方式从事被限制的行为，以保证自己的自由，以及去除不舒服感。如果父母强迫子女与恋人分手，子女往往会产生高度的心理抗拒，作出相反的选择，不但不放弃自己选择的恋人，反而会增加对自己选择的恋人的喜欢程度。尤其对于那些处于热恋期的恋人来说，正沉浸在爱的激动、幸福和甜蜜中，对身边一切更是不管不顾，父母的"棒打鸳鸯"会将两人的感情越搅越热。比如，在早些年，有些敏感的父母偶然间发现了还在上中学的孩子与异性同学互递的纸条，先是大惊失色，不容分说就扣上"早恋"的帽子，然后采取一切粗暴手段试图阻挠——恶语批评侮辱、勒令断绝来往、专程接送上下学、全面监视举动等。最后，父母的良好愿望非但没有如愿以偿，反而适得其反，硬生生地把原本只是互相爱慕的孩子"逼得"成双配对，甚至离家私奔。

　　当然，对于青年男女来说，追求自由无可厚非，但父母的反对也许有一定的道理，不妨在合适的时候理性地与父母交流一下看法，而不是把恋爱建立在"逆反""抗拒""维护自尊""满足好奇"上。要知道，并不是外界阻挠越大，就越要爱得"荡气回肠"。千万不要为了赌气而去爱一个人，或者草率地与之结婚。同样地，作为父母，在说服教育时也要注意方法，不能一味地采取"高压政策"，而要循循善诱，晓之以理、动之以情，因势利导，切忌动辄不分青红皂白地批评、训斥、打骂，甚至当着众人的面羞辱孩子，这极容易导致"好心办了坏事"。

为什么男人和女人吃的"醋"不一样

男性与女性在两性关系中,之所以会倾向于产生不同的妒忌体验,很大一部分是因为本来他们在生殖和繁衍上承担的任务分配和策略选择就有所不同。

你有过"吃醋"的体验吗?那种心中酸酸涨涨难以言喻的感觉,不管是在长久的恋爱关系中,还是在一段婚姻关系中,当我们意识到这段亲密关系的稳定性遭受到另外的人的威胁时,心中都可能产生酸涩不平的感觉，也就是妒忌。然而，我们会发现，男性和女性在面对妒忌的问题上的反应是有所差异的，女性多是关注"你爱上她了吗？""你不爱我了吗？"等情感上的问题，而男性则会关注"你们发生关系了吗"等行为上的问题。看上去，似乎女性更容易因为伴侣情感上的不忠诚而产生妒忌，而男性则更容易因为伴侣性行为上的不忠诚而产生妒忌。那么，为什么同样是"吃醋"，男性和女性在乎的点却不一样呢？

心理学家巴斯（Buss）认为，从进化心理学的角度来说，生殖是人的本能，但男性和女性在生殖角色（reproductive role）上是有所差异的：男性主要面临的任务是寻找尽可能多的、生育条件优秀的配偶，以保证自己后代的数量；而女性则需要寻找抚养资源充足、忠诚、有责任的配偶，以保证她们生育的少量后代能够拥有足够的生存条件。因此，巴斯认为，男性和女性在对待长期伴侣上有不同的配偶策略（spouse strategy）。比如，当男性牺牲配偶的多样化需求，选择唯一的女性坚守承诺并投资抚养她的后代时，那就是他的长期策略。而对于女性来说，牺牲对抚养资源的不断追求，选择一位忠诚的能够帮助她抚养孩子的男性，才是她的长期策略。后来的研究者还用实验方式进一步验证了配偶策略是如何引起男女之间不同的妒忌体验的。实验中，研究者要求男性和女性参与者回忆或想象一段有承诺的恋爱关系，然后引导他们去设想在自己的追问下，伴侣终于承认了与其他男性或女性有不正当接触的情景。接着，研究者向参与者提出疑问：你将如何继续追问？结果发现，当一位女性怀疑她的伴侣可能不会再为抚养她的孩子提供资源和担负责任时会体验到妒忌，并关注之前提到过的那些与情绪感受相关的问题；而男性则会在怀疑他正在被与自己没有血缘关系的孩子拖累时体验到妒忌，并更加关注那些性背叛的问题。这项实验有趣地说明了人类生活中的重要体验过程是如何被我们进化史上的性别差异所影响的。

　　男性与女性在两性关系中，之所以会倾向于产生不同的妒忌体验，很大一部分是因为本来他们在生殖和繁衍上承担的任务分配和策略选择就有所不同。你有没有觉得很奇妙，原来我们以为是非常私人的体验，居然还是保留了刻在基因里的性别印记。不过，这样的妒忌差异体验也并非完全由先天因素决定，后天文化的熏陶也会影响每个人所思所想的表达。至少，在如今的社会环境中，女性对于"性"表达的自由程度还远远达不到和男性相同的水平，女性的"矜持美"仍然可能会限制她们真实想法的表露。可能"她"在妒忌来临时，最先想争取的也是伴侣性行为上的忠诚，但最终还是会觉得难以启齿而问出一句："你爱上她了吗？"

为什么关心的话也伤人

使用正向的、具体的语言提出对他人的期许,希望他怎么做来满足我们的需要。清楚地告诉对方我们请求他们去做什么,而非不要做什么。

人们常说:"爱能使心灵的创伤痊愈。"但为什么在家庭生活中,我们与家人沟通时,明明想表达的是爱和关心,话说出口却总是变成了伤害。"你要是这么想,我也没办法。""这个事情,我不是说过了吗?你没有耳朵吗?""这么简单你都不会吗?"……当听到这些话时，你是什么样的感受？当提起暴力时，我们更多想到的可能是推搡、击打、踢踹、鞭打等。作为一个遵纪守法的好公民，我们常常认为，这类事情决然与我们无关。也许，我们确实从来没有想过会和暴力扯上关系，不过只要稍微留意一下现实生活中我们的谈话方式，并且用心体会各种谈话方式给我们的不同感受。我们一定也深有体会，言语上的指责、嘲讽、否定、说教，以及任意打断、拒不回应、随意出口的评价和结论等，都会给我们带来许多精神上的创伤，甚至比肉体的伤害更加令人痛苦。然而，问题的关键在于，我们明明是想好好说话的，可是为什么说出来的话却像刀子扎心一样让人难受呢？

美国心理学家罗森伯格（Rosenberg）提出了非暴力沟通（nonviolent communication）的概念。他基于自己早年亲眼目睹暴力事件的经历，开始寻求和平解决冲突的方法。他认为，当我们在生活中感到工作压力或经济压力时，我们在与他人沟通中常常会带有发泄的成分。当发泄后没有得到期待中的反馈，或听到了他人对自己的批评，我们的第一反应往往是辩解、反击或者选择逃避，而这些其实都反映出我们内心的需求没有得到满足。因此，罗森伯格将"致力于满足某种愿望，却倾向于忽视人的感受及需要的语言和表达方式"定义为"异化的沟通方式"，也就是暴力沟通。无心或有意的语言暴力，会让我们与亲人之间产生隔阂，相互变得冷漠、敌视。所以，罗森伯格十分主张和呼吁非暴力沟通。

所谓非暴力沟通，要求我们能够"通过观察事实，感受自己的心情，表达自己的愿望和需求，同时聆听别人的愿望和需求。也就是说，我们既要诚实地表达自己，又要尊重与倾听他人"。当我们一旦专注于彼此的观察、感受及需要，而不反驳他人，便能够对自己和他人产生全新的体会。在罗森伯格看来，这将最大限度地避免沟通中的暴力。基于此，他提出了非暴力沟通的四要素——"观察""感受""需要""请求"。

首先，"观察"告诉我们要仔细观察正在发生的事情，并清楚地说出观察结果。比如，说"这道菜比较辣，我不太能吃辣"，会比说"这道菜真的太难吃了"要好得多，这并不要求我们保持完全的客观而不作任何评论，而是评论要基于特定时间和环境中的观察。其次，"感受"告诉我们不要一味地表达我们的想法，而要学着清楚地表达自己的感受。比如，直接说"我很愤怒""我很郁闷"，会比说"我觉得这很不公平"要好得多，因为这可以让对方直截了当地了解我们内心最真实的感受。最后，"需要"和"请求"两个要素告诉我们要使用正向的、具体的语言提出对他人的期许，以及希望对方怎么做来满足我们的需要。比如，说"我希望你能做些家务"，会比说"你最好不要什么都不做"要有益得多，甚至还会产生出乎意料的效果。因为负性的语言往往会导致对方的抗拒心理，并且无法清楚地表达我们的真实诉求。

在《非暴力沟通》这本书的前言中有这样一句话："如果今天的世界是无情的，那是我们的生活方式造成它的无情。我们的转变与世界的转变息息相关。而改变沟通方式是自我转变的重要开端。"当我们开始学着转变谈话和聆听的方式,当我们不再条件反射式地反应,当我们去明了自己的观察、感受和愿望,有意识地使用语言……我想,在之后的每一次与人沟通中,我们都能聆听到自己和他人心灵深处的呼声。

❤️ 在亲密关系中为什么会被 PUA

在亲密关系中，一旦发现对方不是在提供解决问题的可行方法，而是尝试去打压你、贬低你、评判你，甚至提出一些很不合理的要求，请一定要勇敢地说"No"！

"遇到了熠熠闪光的你，而我却是一块垃圾。"不知道你在看到这句话时，是什么感受？几年前，北大学生包丽（化名）自杀，自杀的原因是生前男友对她进行精神和行为上的控制与虐待。与此同时，男友还经常提出各种无理要求，并对其进行威胁与侮辱。长此以往，包丽逐渐失去了自我价值，最后选择终结自己的生命。男友的精神控制对于包丽来说无疑是一种酷刑。这起案件在震惊全国的同时，PUA一词也逐渐走进大众视野，引起了社会各界的关注。亲密关系中的PUA，是一方对另一方不断进行心理暗示，贬低对方的价值，拿着"我之所以这样做是因为我爱你"的说辞作为伪装，从而对对方的情绪情感施加影响，甚至是精神控制。PUA往往都是在神不知鬼不觉中发生的，你不会觉得对方刚开始的一个"小请求"或者"小抱怨"有什么问题，可能还没等你反应过来，就已经陷入了"永远都是自己的错"的圈套。那么，在亲密关系中，为什么有一方会不知不觉地被PUA呢？

斯坦福大学的弗里德曼（Freedman）和弗雷泽（Fraser）提出的登门槛效应（foot in the door effect）也许可以解答这个问题。所谓登门槛效应，说的是如果你接受了对方一个微不足道的请求，接下来就可能会满足对方一个更为"得寸进尺"的请求。登门槛效应的整个过程就像是一个人在爬山，没有台阶很难爬，如果有了台阶，就会变得轻松很多。在包丽案当中，登门槛效应被展现得淋漓尽致。包丽男友开始质疑包丽时，用"你难道不在乎你的第一次吗"等话语企图让包丽产生愧疚；当男友发现包丽已经产生愧疚后，逐渐变本加厉，让包丽把自己的微信备注改为"主人"等，以此摧毁包丽的自尊；当男友发现包丽已经失去自尊后，只要双方一产生矛盾，就找包丽寻死觅活。男友要在这个过程中不断让包丽相信：错的是她，而不是自己，如果不按照自己的要求来，就是不再相爱了，而这也成为压死包丽的最后一根稻草。事件中，男友就像在爬楼梯一样，一步步地对包丽提出更为得寸进尺的要求，就这样在不知不觉中控制了她的行为，改变了她的想法，让她不断怀疑自己，并且发自内心地认为：男友这样做都是为了自己，都是爱自己的表现，而自己就是个垃圾，应该更加听从男友的话才对。

所以，在亲密关系中，一旦发现对方不是在提供解决问题的可行方法，而是尝试去打压你、贬低你、评判你，甚至提出一些很不合理的要求，请一定要勇敢地说"No"！因为在恋爱的甜蜜泡泡里，PUA 一开始真的很难被察觉到，我们除了需要警惕来自对方的最初的一些"抱怨"，更要积极磨砺自己，让自己的内心更加强大和自信。

参考文献

[1] AINSWORTH M, BLEHAR M, WATERS E, et al. Patterns of attachment: A psychological study of the strange situation. Erlbaum, 1978.

[2] ARON A, MELINAT E, ARON E N, et al. The experimental generation of interpersonal closeness: A procedure and some preliminary findings. Personality & Social Psychology Bulletin, 1997 (23): 363-377.

[3] BUSS D. Evolutionary psychology: A new paradigm for psychological science. Psychological Inquiry, 1995 (6): 1-30.

[4] DRISCOLL D, FINE A H. The romeo and juliet effect: The dynamics of romantic attraction. Basic and Applied Social Psychology, 1993 (2): 155-166.

[5] FREEDMAN J L. Compliance without pressure: The foot-in-the-door technique. Journal of Personality and Social Psychology, 1966, 4 (2): 195-202.

[6] HARLOW H. The nature of love. American Psychologist, 1958 (13): 673-685.

[7] JAIN A. Fundamentals of Digital Image Processing. Prentice Hall, 1989.

[8] JOURARD S, Lasakow P. Some factors in self-disclosure. Journal of Abnormal & Social Psychology, 1958 (1): 91-98.

[9] LAU, RICHARD R, IYENGAR S, MCGUIRE W J. Explorations in Political Psychology. Duke University Press, 1993.

[10] LEWIN K. A Dynamic Theory of Personality. McGraw-Hill, 1935.

[11]ROGERS C R. A Way of Being. Houghton Mifflin Company, 1980.

[12]ROSENBLUM L A, HARLOW H. Approach-avoidance conflict in the mother surrogate situation. Psychological Reports, 1963 (12): 83-85.

[13]ROSENBERG M B. Nonviolent Communication: A Language of Life (2nd Edition). Puddle Dancer Press, 2009.

[14] Schachter S, SINGER J. Cognitive, social and physiological determinants of emotional state. Psychological Review, 1962 (1): 378-399.

[15] STERNBERG R. A triangular theory of love. Psychological Review, 1986 (2): 119-135.

[16] STERNBERG R. The Triangle of Love. Basic Books, 1988.

[17] THORNDIKE E L. A constant error in psychological ratings. Journal of Applied Psychology, 1920, 4 (3): 259-262.

[18] TRIVERS L R, WILLARD E D. Natural Selection of Parental Ability to Vary the Sex Ratio of Offspring. Science, 1973 (4068): 90-92.

[19] ZEIGARNIK B. On finished and unfinished tasks. Psych-ologische Forschung, 1927 (9): 1-15.

跋

让心理学成为婚姻家庭生活里的"调味剂"

有人说,"早婚早出息,晚婚晚享福";也有人说,"婚姻是爱情的坟墓"。婚姻究竟是怎样的,每个人有每个人的经历,每个人有每个人的理解。但共同的是,婚姻是家庭生活的重要组成部分,是相互坦诚相待,愿意携手迎接生活的幸福与平淡;是相互彼此照应,愿意一起面对生活的惊喜与不甘;是相互信赖,愿意共同走过生活的美好与挑战。然而,现实中的很多时候,我们对婚姻常常抱有较高的期待,以至于忘记了幸福本来的样子。

作为一名心理学工作者,我常常在想,心理学在婚姻关系中有什么实际用处呢?大概,心理学可以是一种调味剂吧。要想做出一盘色香味俱全的菜,就要针对不同的情况放不同的调味料。味道淡了,就加点盐;腥了,就加点料酒。婚姻生活也是这样,感到厌倦或无聊时,可以给对方准备一个小惊喜,来找到新的乐趣,重燃激情的火花;发现对方不小心犯错误了,那就抱抱他说没关系,世上没有人是完美的;发现对方误会自己了,就心平气和地向对方解释,借机传授一些有效的沟通技巧。婚姻生活不会一直是甜蜜的,需要夫妻双方的理解互谅和共同努力,而心理学在这个过程中扮演着至关重要的角色。

除了婚姻生活,家庭关系中的心理学也是一门深奥而美妙的学问,它关系到整个家庭社会关系的发展。家庭中每个成员的个性不同,喜好也不同,难免会有磕磕碰碰。孩子成绩不好时,接受孩子的平凡,不要过度"鸡娃";育儿观念出现差异时,试着换位思考,学着使用"非暴力沟通"的方式;父母抱怨感到孤独时,常给他们打个电话,增进亲密度和情感联结。通过家庭成员之间的相互支持和理解,能够更好地帮助对方实现其个人目标和丰盈家庭梦想。婚姻家庭心理学能够告诉我们，婚姻与家庭并不是束缚和限制，而是一个共同成长、实现价值和超越自我的平台。

总之，婚姻家庭关系是一个需要不断投入和努力的过程，而心理学为我们提供了一种宝贵的视角。但是，婚姻家庭关系中的心理学也不是一劳永逸的解决方案，而是一个持续学习和发展的过程。每对夫妻、每个家庭都需要独立面对各自不同的情况和挑战，都需要根据自身进行调整和适应。

最后，让我们以感恩和宽容的心态来面对婚姻和家庭生活中的挑战。通过理解、支持和尊重，我们可以共同创造一个温馨、幸福的家庭，让爱和关怀成为家庭的基石，让心理学成为我们家庭关系的"调味剂"，为我们的婚姻和家庭增添更多的美好和意义。

陈沛然　汪娟娟

2023 年 9 月